Cornelia Haas · Ulricl

My Most Beautiful Dream

قشنگ‌ترین رویای من

Bilingual children’s picture book, with online audio and video

Translation:

Sefâ Jesse Konuk Agnew (English)

Sadegh Bahrami, Bahar Talai (Persian, Farsi, Dari)

sefa

Audiobook and video:

www.sefa-bilingual.com/bonus

Password for free access:

English: **BDEN1423**

Persian, Farsi, Dari: **BDFA1510**

Lulu can't fall asleep. Everyone else is dreaming already – the shark, the elephant, the little mouse, the dragon, the kangaroo, the knight, the monkey, the pilot. And the lion cub. Even the bear has trouble keeping his eyes open ...

Hey bear, will you take me along into your dream?

لولو خوابش نمی‌برد. بقیه خیلی وقت است که دارند خواب می‌بینند، کوسه‌ماهی، فیل، موش کوچولو، اژدها، شوالیه، میمون. حتی خرسه هم تقریباً چشم‌هایش بسته شده است...

هی خرسه، من را هم می‌بری به خوابت؟

And with that, Lulu finds herself in bear dreamland. The bear catches fish in Lake Tagayumi. And Lulu wonders, who could be living up there in the trees?
When the dream is over, Lulu wants to go on another adventure. Come along, let's visit the shark! What could he be dreaming?

و حالا لولو در سرزمین رویاهای خرس‌ها است. خرسه از دریاچه‌ی تاگایومی ماهی می‌گیرد. و لولو با تعجب از خودش می‌پرسد، چه کسی آن بالا توی درخت‌ها زندگی می‌کند؟
رویا که تمام می‌شود، لولو هنوز هم دلش ماجراهای بیشتری می‌خواهد. بیا برویم به دیدن کوسه‌ماهی! یعنی او چه خوابی دارد می‌بیند؟

The shark plays tag with the fish. Finally he's got some friends! Nobody's afraid of his sharp teeth.

When the dream is over, Lulu wants to go on another adventure. Come along, let's visit the elephant! What could he be dreaming?

کوسه‌ماهی دارد با بقیه ماهی‌ها، قایم‌باشک بازی می‌کند. بالاخره دوست پیداکرده است! هیچ‌کس از دندان‌های تیزش نمی‌ترسد.

رویا که تمام می‌شود، لولو هنوز هم دلش ماجراهای بیشتری می‌خواهد. بیایید برویم به دیدن فیله! یعنی او چه خوابی دارد می‌بیند؟

The elephant is as light as a feather and can fly! He's about to land on the celestial meadow.
When the dream is over, Lulu wants to go on another adventure. Come along, let's visit the little mouse! What could she be dreaming?

فیله مثل یک پر سبک شده است و می‌تواند پرواز کند! بعد روی دشتی در آسمان فرود می‌آید.

رویا که تمام می‌شود، لولو هنوز هم دلش ماجراهای بیشتری می‌خواهد. بیایید برویم به دیدن موش کوچولو! یعنی او چه خوابی دارد می‌بیند؟

The little mouse watches the fair. She likes the roller coaster best. When the dream is over, Lulu wants to go on another adventure. Come along, let's visit the dragon! What could she be dreaming?

موش کوچولو در حال تماشای شهربازی است! بیشتر از همه از ترن هوایی خوشش می‌آید.
رویا که تمام می‌شود، لولو هنوز هم دلش ماجراهای بیشتری می‌خواهد. بیایید برویم به
دیدن اژدها! یعنی او چه خوابی دارد می‌بیند؟

The dragon is thirsty from spitting fire. She'd like to drink up the whole lemonade lake.

When the dream is over, Lulu wants to go on another adventure. Come along, let's visit the kangaroo! What could she be dreaming?

اژدها از بس آتش بیرون داده است، تشنه است. دلش می‌خواهد تمام دریاچه‌ی لیموناد را تا ته بنوشد.

رویا که تمام می‌شود، لولو هنوز هم دلش ماجراهای بیشتری می‌خواهد. بیایید برویم به دیدن کانگورو! یعنی او چه خوابی دارد می‌بیند؟

The kangaroo jumps around the candy factory and fills her pouch. Even more of the blue sweets! And more lollipops! And chocolate!
When the dream is over, Lulu wants to go on another adventure. Come along, let's visit the knight! What could he be dreaming?

کانگورو در کارخانه آب‌نبات‌سازی بالا و پایین می‌پرد و کیسه اش را پر می‌کند. بازهم بیشتر از آب‌نبات‌های آبی رنگ! از آب‌نبات چوبی‌ها! و از شکلات‌ها!

رویا که تمام می‌شود، لولو هنوز هم دلش ماجراهای بیشتری می‌خواهد. بیایید برویم به دیدن شوالیه! یعنی او چه خوابی دارد می‌بیند؟

The knight is having a cake fight with his dream princess. Oops! The whipped cream cake has gone the wrong way!
When the dream is over, Lulu wants to go on another adventure. Come along, let's visit the monkey! What could he be dreaming?

شوالیه و شاهزاده‌ی رویاهایش دارند به هم کیک پرتاب می‌کنند. اوه! کیک خامه‌ای از بیخ گوشش رد شد!

رویا که تمام می‌شود، لولو هنوز هم دلش ماجراهای بیشتری می‌خواهد. بیایید برویم به دیدن میمون! یعنی او چه خوابی دارد می‌بیند؟

Snow has finally fallen in Monkeyland. The whole barrel of monkeys is beside itself and getting up to monkey business.
When the dream is over, Lulu wants to go on another adventure. Come along, let's visit the pilot! In which dream could he have landed?

بالاخره در سرزمین میمون‌ها برف باریده است! کلِ دارودسته‌ی میمون‌ها حسابی ذوق‌زده شده‌اند و دارند دیوانه‌بازی درمی‌آورند.

رویا که تمام می‌شود، لولو هنوز هم دلش ماجراهای بیشتری می‌خواهد. بیایید برویم به دیدن خلبان! یعنی در کدام رویا فرود آمده است؟

The pilot flies on and on. To the ends of the earth, and even farther, right on up to the stars. No other pilot has ever managed that.
When the dream is over, everybody is very tired and doesn't feel like going on many adventures anymore. But they'd still like to visit the lion cub.
What could she be dreaming?

خلبان پرواز می‌کند و بازهم پرواز می‌کند. تا آخر دنیا و ازآنجا هم باز جلوتر تا ستاره‌ها. تا حالا هیچ خلبانی نتوانسته این کار را بکند.

رویا که تمام می‌شود، همه حسابی خسته هستند و دیگر نمی‌خواهند دنبال ماجراهای بیشتر بروند. اما هنوز می‌خواهند به دیدن بچه‌شیر هم بروند. یعنی او چه خوابی دارد می‌بیند؟

The lion cub is homesick and wants to go back to the warm, cozy bed.
And so do the others.

And thus begins ...

بچه‌شیر دلش برای خانه تنگ شده است و می‌خواهد برگردد به تختخواب گرم و نرم.

بقیه هم همینطور.

و تازه اینجاست ...

... که شروع می‌شود...

... Lulu's

most beautiful dream.

... قشنگ‌ترین رویای لولو.

The authors

Cornelia Haas was born near Augsburg, Germany, in 1972. After completing her apprenticeship as a sign and light advertising manufacturer, she studied design at the Münster University of Applied Sciences. Since 2001 she has been illustrating childrens' and adolescents' books, since 2018 she is a professor for illustration at Münster University of Applied Sciences.

Foto: Ingrid Hagenreich

Ulrich Renz was born in Stuttgart, Germany, in 1960. After studying French literature in Paris he graduated from medical school in Lübeck and worked as head of a scientific publishing company. He is now a writer of non-fiction books as well as children's fiction books.

Do you like drawing?

Here are the pictures from the story to color in:

www.sefa-bilingual.com/coloring

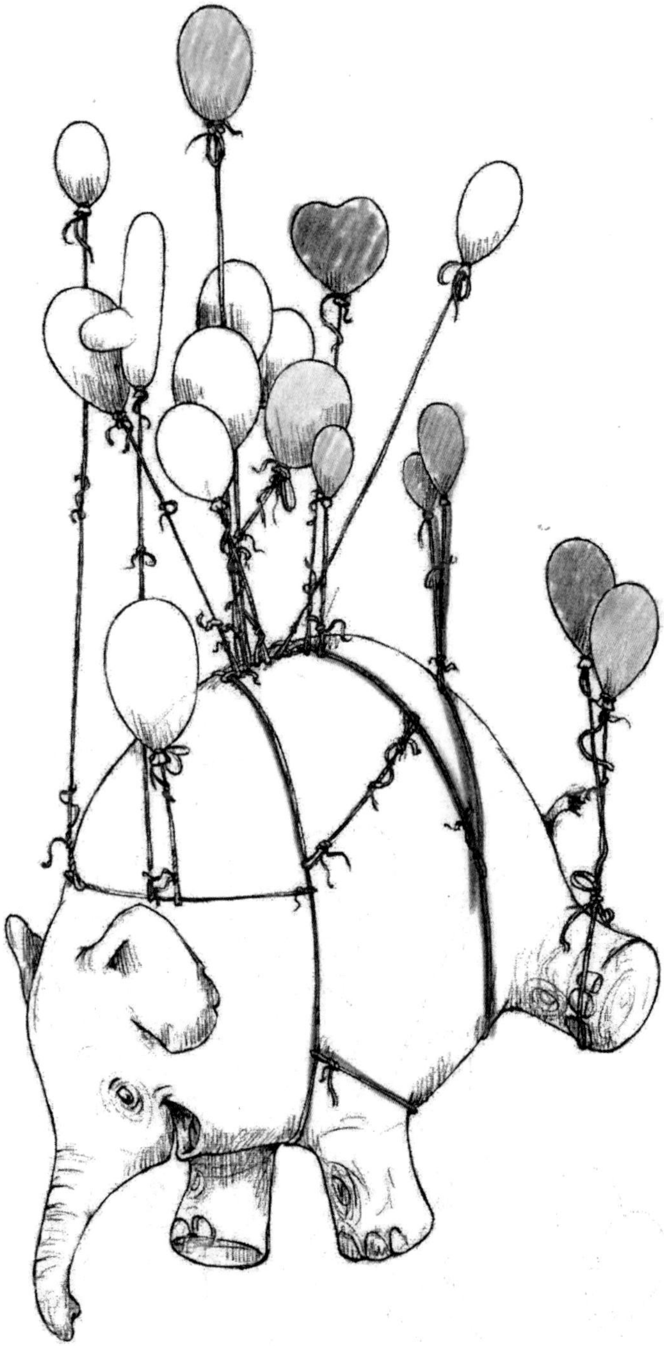

Sleep Tight, Little Wolf
راحت بخواب، گرگ کوچک
sefa
+ audio
+ video
Ulrich Renz / Barbara Brinkmann
English
bilingual
Persian, Farsi, Dari

www.sefa-verlag.de

Special thanks to Paul Bödeker, Freiburg, Germany
Font: Noto Sans

ISBN: 9783739962962